新竟陵诗派丛书（第一册）

竟陵新韵

范恒山　傅东渔等 著

作家出版社

图书在版编目（CIP）数据

竟陵新韵：新竟陵诗派丛书 . 第一册 / 范恒山等著 .—北京：作家出版社，2022.1

ISBN 978-7-5212-1697-4

I.①竟…　II.①范…　III.①诗集—中国—当代　IV.① I227

中国版本图书馆 CIP 数据核字（2021）第 274736 号

竟陵新韵：新竟陵诗派丛书（第一册）

作　　者：范恒山等
责任编辑：佳　丽
封面设计：周思陶
出版发行：作家出版社有限公司
社　　址：北京农展馆南里 10 号　　　　邮　　编：100125
电话传真：86-10-65067186（发行中心及邮购部）
　　　　　86-10-65004079（总编室）

E-mail:zuojia @ zuojia.net.cn
http://www.zuojiachubanshe.com

字　　数：25 千
印　　张：8.125
版　　次：2022 年 1 月第 1 版
印　　次：2022 年 1 月第 1 次印刷
ISBN　978-7-5212-1697-4
定　　价：50.00 元

主　　编：范恒山　　傅东渔

作　　者：范恒山　　傅东渔　　雷仲簏　　赵发洪　　甘海斌

　　　　　　胡水堂　　汪桃义　　彭太山　　周　维　　郑庆红

序

范恒山　傅东渔

汉水东流，淘尽千秋逸秀才俊；天门西拱，阅极万代明月清风。屈子离骚肇启楚辞源章，竟陵八友继述西邸流篇；陆羽茶诗增盈盛唐禅韵，钟谭瑰词减黜晚明颓丧。泱泱华夏，百里竟陵尽显人杰地灵；邈邈春秋，三楚英豪力倾经世济民。

岁在庚子，序属三秋，风云际会，因缘种花。范恒山、傅东渔、甘海斌、胡水堂、汪桃义、赵发洪、郑庆红等诗友于京华创始京城新竟陵诗派，继而邀请武汉青松诗社社长雷仲麓、北京华乐诗社社长周维、天门诗人彭太山等参加。北唱南和，东呼西应，金声玉振润都阙，风行草偃慰江湖。

风景这边独好。逢临盛世，京城新竟陵诗派衔使命、勇担当，高扬文化自信，歌颂伟大复兴。以笔为帚，化墨为雨，抒黄河清、写江山绿、洗放天青。崇尚性灵，意极韵致，理遵格律，境界为先，探源风雅颂，尊奉赋比兴。千羡万羡西江水，曾向竟陵城下来，诗之隐逸者也；先天下之忧而忧，后天下之乐而乐，诗之君子者也。庙堂江湖，同忧同乐；嘤其鸣也，寻其友声；以诗会友，以友辅仁；咏对唱和，不亦乐乎。

老凤清声鸣大雅，古邦新命颂韶年。同仁共襄定期结集出版《新竟陵诗派丛书》，据诗为心，以酬故国、以报桑梓、以飨读者。此为第一集，录诗词二百余首。鲁鱼亥豕，白璧微瑕，在所难免，恳请方家指正。

辛丑年仲秋

目录

范恒山卷

七绝·贺新竟陵诗派创立 / 003

七律三首 / 004

贺新郎·秋思 / 006

一剪梅·枫泾景情 / 007

水调歌头·春节随想 / 008

江城子·春雪 / 009

念奴娇·秋日望远 / 010

浪淘沙·春节断想 / 011

江城子·台湾行思 / 012

踏鹊枝·庚子清明寄 / 013

沁园春·重庆 / 014

一剪梅·诗酒会 / 015

桂枝香·两节述怀 / 016

踏莎行·秋雨 / 017

八声甘州·庚子回眸 / 018

行香子·立春感赋 / 019

满庭芳·武汉 / 020

拂霓裳·雷仲簏先生佳文读感 / 021

南乡子·上巳节游春 / 022

七绝·六一抒怀 / 023

春风袅娜·寄建党百年 / 024

傅东渔卷

贺新竟陵诗派成立 / 027

庚子端午两首 / 028

贺李永金司令八秩寿二首 / 030

和陈存根书记《大雪》 / 032

回文诗二首 / 034

竟陵八友 / 036

桂枝香·中秋国庆双节重 / 037

临江仙·依韵范恒山会长《西安》词 / 038

一剪梅·和范恒山会长 / 039

踏莎行·依韵范恒山会长《秋雨》词 / 040

八声甘州·依韵范恒山会长《元旦》词 / 041

满庭芳·和范恒山会长《武汉》 / 042

沁园春·花朝 / 043

龙潭酒赋 / 044

海棠春·上巳节冶春 / 045

醉太平·八卦宴 / 046

水龙吟·信平天下 / 047

龙山会·三清茶宴 / 048

瑞龙吟·华胥梦 / 049

飞龙宴·龙元币 / 050

雷仲篪卷

虞美人·端午感怀 / 053

满庭芳·次韵范恒山会长《武汉》 / 054

满庭芳·再次韵范恒山会长《武汉》 / 055

七言古风八韵·赞莲歌 / 056

七绝·用韵和清郑板桥"竹石" / 057

楹联·共和国七秩华诞庆 / 058

七绝·初心如磐 / 059

七绝·赞人类命运共同体 / 060

七绝·盛世重阳 / 061

七律·琴韵 / 062

旧体七言排律·学诗偶得八韵 / 063

十六字令·梅四首 / 065

七言古风·鞍马烽尘赞岑参 / 066

七绝·悼毛岸英 / 067

天净沙·反腐歌二首 / 068

家　赋 / 069

赵发洪卷

咏空军机务兵 / 075

每到三八妇女节 / 076

除夕电网工高架塔上 / 077

网　购 / 078

病房雷锋 / 079

观朱日和阅兵 / 080

怀念抗美援朝战斗英雄王海 / 081

战鹰迎春 / 082

重回东北老航校 / 083

澳门回归 / 084

高碑店高跷老会 / 085

又到海南过冬 / 086

同学四十周年相聚 / 087

西江月·读范兄《高扬起奋斗的翅膀》/ 088

七律二首 / 089

宜人居小聚 / 091

清平乐·孙儿折纸 / 092

西江月·苗乡春色 / 093

卜算子·韶山冲 / 094

深院月·翘首北京冬奥会 / 095

满庭芳·依韵范兄《武汉》/ 096

甘海斌卷

抒　怀 / 099

满江红·庆祝中国共产党百年华诞 / 100

红船颂 / 101

沁园春·望神州 / 102

八声甘州·步韵恒山兄《庚子回眸》/ 103

次韵傅东渔先生《题高碑店》/ 104

满庭芳·步韵恒山兄《武汉》/ 106

上元节 / 107

步韵陈存根书记《寒露》/ 108

人月圆·脱贫赋 / 110

鹧鸪天·牧童吹笛唤春晖 / 111

咏　春 / 112

行香子·清明 / 113

西江月·春茶 / 114

水调歌头·八一战旗红 / 115

观卢沟桥随想 / 116

桂枝香·漫游恭王府 / 117

观郑州特大洪灾报道有感 / 118

宅家杂赋（九首）/ 119

水调歌头·京城新竟陵派诗友聚会 / 124

胡水堂卷

望远行·梅恋 / 127

贺新郎·庚子春怀 / 128

满江红·庚子春 / 129

河传·春三首 / 130

留客住·别离 / 132

渔家傲·端午 / 133

燕山亭·石榴 / 134

一剪梅·依韵恒山兄《诗酒会》词 / 135

水调歌头·重庆 / 136

念奴娇·花晨月夕 / 137

桂枝香·佳节同度 / 138

踏莎行·和恒山兄《秋雨》/ 139

八声甘州·和恒山兄《庚子回眸》/ 140

瑞龙吟·复兴路 / 141

锦缠道·依韵和恒山兄《花朝节》/ 142

临江仙慢·絮舞眷春 / 143

玉人歌·东风老 / 144

离亭宴·步韵范恒山兄《端午随想》/ 145

惜分飞·思千万 / 146

春风袅娜·步韵恒山兄《寄建党百年》/ 147

汪桃义卷

风入松·讴歌将士风流 / 151

沁园春·不负韶光 / 152

洞仙歌·将迎暗香萦绕 / 153

彩云归·回家过年 / 154

满庭芳·晨步偶感 / 155

采桑子·人生犹若秋枫叶 / 156

七律·风雨征程岁月留 / 157

七律·哪个先贤非舜尧 / 158

七律·人生到此可消愁 / 159

七绝·中秋节情思 / 160

七律·遥燃蜡炬泪泉流 / 161

洞仙歌·清流一生风度 / 162

一剪梅·步韵恒山秘书长《诗酒会》/ 163

七律·寒露惊秋 / 164

七律·秋色侵林渐染黄 / 165

千秋岁引·独在天涯 / 166

浪淘沙令·春日情思 / 167

破阵子·晨游避暑山庄感怀 / 168

摸鱼儿·怎能消八年愁绪 / 169

秋色横空·瘟疫无央 / 170

彭太山卷

闻新竟陵诗派在京成立有寄 / 173

衡山颂 / 174

登黄鹤楼 / 175

闻海军天门舰入列喜赋 / 176

梦回张家湖国家湿地公园感吟 / 177

登岳口大桥 / 178

白萝卜赞兼贺多宝蔬菜节 / 179

闻家乡女子诗社成立喜赋 / 180

田父吟 / 181

打工者 / 182

清洁工 / 183

天门国际半程马拉松赛感赋 / 184

石家河怀古（古风）/ 185

华侨大会颂 / 186

天门蒸菜 / 187

天门印象 / 188

陆羽故里老团干聚会 / 189

有感天门大桥重建 / 190

油菜籽 / 191

贺天问一号发射成功　兼怀校友万卫星院士 / 192

周维卷

五言绝句三首 / 195

两首悼石理俊先生 / 197

七言绝句两首 / 198

野菊花 / 199

暮秋牵牛花 / 200

北海公园 / 201

燕山旧忆 / 202

米竹盆景 / 203

永宁行吟 / 204

海南行 / 205

敬和永嘉诗丐老前辈律 / 206

雁门关怀古 / 207

冬村小景 / 208

秋游京西齐物潭公园 / 209

"9·11事件"二十周年有感 / 210

卜算子·步云帆诗友悼余旭 / 211

浣溪沙·永宁河古石桥 / 212

浪淘沙令·依韵和范恒山先生《春日偶思》/ 213

沁园春·贺《满庭芳苑》三百期 / 214

沁园春·朝宗桥 / 215

郑庆红卷

满庭芳·依韵范恒山会长《武汉》词 / 219

满庭芳·庚子抗疫 / 220

临江仙·和范恒山会长《圆明园》词 / 221

一剪梅·和范恒山秘书长《诗酒会》 / 222

临江仙·和范恒山会长《西安回眸》 / 223

桂枝香·佳节怀乡 / 224

七律·重走长征路之娄山关 / 225

七律·贺建党一百周年 / 226

七律·海南春色 / 227

七律·初夏寄景 / 228

七律·跑暴雨 / 229

七律·依韵陈存根书记《今日霜降》 / 230

七律·东坡书院咏怀 / 232

七律·重阳咏怀 / 233

七律·立冬 / 234

七律·依韵范恒山会长《冬瞰》 / 235

七律·佳节怀乡 / 236

七律·故园石首一中 / 237

七律·贺李永金司令八秩华诞 / 238

七律·北国金秋 / 239

京城新竟陵诗派 / 240

范恒山卷

范恒山　经济学博士，国家促进中部地区崛起办公室原副主任、国家发展改革委原副秘书长。

著名经济学家，兼（曾）任多所著名高校教授、博士生导师，著述众多，学术事迹为多部典籍收录介绍。

中华诗词学会部委机关诗词工作委员会顾问，国家发展改革委诗词协会副会长。

七绝·贺新竟陵诗派创立

（2020 年 8 月 26 日）

感于傅东渔先生等创立京城新竟陵诗派良举而吟。

昔贤斗巧弄诗潮，

幸有承传展后娇。

紫陌垂杨鸿渐种，

新枝老干两妖娆！

七律三首

（一）抗疫

（2020 年 1 月 30 日）

时值己亥庚子交汇，新型冠状病毒肆虐。大疫面前、大年之际，武汉"封城"苦战、全国奋力围歼，流血流汗，可歌可泣。余感同身受，遂成一首以缋之。

瘟灾骤起地天惊，朗艳新春恶疫横。

百姓屈身蜷舍院，骁兵展臂跃征程。

一城陷困担生死，万户驱危定败赢。

莫叹迎怀风啸厉，人间正道是真情。

（二）冬瞰

（2020 年 12 月 2 日）

寒风恣意霰霜驱，雁鸟潜形万叶枯。

百亩庭中花貌改，乐游原上草容殊。

凉凌顿感蓬山远，暖爱常疑妙善孤。

且遣红炉扶烈酒，一怀愁绪诉醪珠。

（三）酬友

（2021 年 5 月 8 日）

回环胸曲度平章，一甲斑斓寄热肠。

溽暑祁寒知日月，霜刀风剑辨阴阳。

慎书梦得谐中怒，常记东坡损后扬。

莫道庙堂功德显，身心安处是陶乡。

贺新郎·秋思

（2017 年 10 月 6 日）

气卷云裘徙。艳阳天、红生绿隐，菊开葵肆。金碧葱茏千区亮，峰摆峦摇俯恣。雁过处、烟飘霞炽。目睬穹园皆画景，正人间、彩练翩翩靡。花吐蕊，桂轮旎。

光驱稚嫩韶华逝。任随它、霜浸鬓角，力𫏋樽嗜。赓展平生风樯渡，开启前程后世。只笑对、虚名浮侈。还举魏曹双宝剑，效汉升、老骥蹄难滞。谁与我，再扬翅？

一剪梅·枫泾景情

  周末赴金山区与会并调研特色小镇，过枫泾，见古姿今貌，相融成趣；旧势新能，相交逞力。心有所系，于是赋言以酬之。

  一串清流绕寺亭，桥走双城，廊掩峥嵘。

  枫摇庐舍带云行，唐相修声，宋士留名。

  千古风姿向客呈，闾巷停莺，深院飘筝。

  凌霄豪愿与谁倾？舟跃丛荆，棹拓新程。

水调歌头·春节随想

（2018 年 2 月 16 日）

烟缕暗香起，浩气宇间游。雪融冰解携手，千里物华悠。但见灯张花放，更有箫鸣鼓响，禧福聚清眸。快意院庭漾，麟瑞绕神州。

岁时替，光影转，喜忧留。此身若似？应作寒水载轻舟。能附东篱挥杖，可拟磻溪冥想，境窘志不休。誓愿当追日，拼搏最风流。

江城子·春雪

（2018 年 3 月 20 日）

　　戊戌年二月初一日，仲春之季，一冬未临的雪花突然飘落京城，人皆惊叹且欢愉之至。余感慨其不循常规之特立独行精神，今赋诗一首以追记之。

　　花张时季走银龙。伴蜂冲，趁风融。轻舞曼旋，倏瞬却从容。最恋青阳生冷艳，情正好，意方浓。

　　独标特立法为宗。百行彤，几回重？濯足激流，披挂逞先锋。自是险峰盘锦绣，凌峭壁，奏黄钟！

念奴娇·秋日望远

（2018 年 10 月 5 日）

高阳恣谑，纵倾晖万里，但失刚厉。瑞霭飞来苍野净，怎奈枯枝遮蔽。古道新途，征人际会，心绪难一寓。地天接处，紫霞灰雾争踞。

世事悲喜如斯。阴晴相济，方显真形迹。抛却煌煌翎冠盖，总把脊梁直立。柳隐花发，水穷云耄，福祸焉相预？把尘拂了，再识璞玉糠秕！

浪淘沙·春节断想

（2019 年 2 月 5 日）

世间之珍，莫过真情。亲情、友情、爱情、恩情，情情崇高厚重。每逢春节，人心思归，只为了却思亲之情，共享团圆欢乐。己亥正月初一，触景生感，草就几句，以敬亲朋、以酬友宾。

不必问东风，节自门隆。盈盈笑语蜡灯红。万里奔归酬夜宴，酒壮身通。

人共宇寰中，情为珍崇。休将功利靡元衷。要效年年春去返，心系穹空。

江城子·台湾行思

（2019 年 6 月 20 日）

　　日前随团访问祖国宝岛台湾，走台北、过桃园、步高雄，听旧事新情，溯前世今生，感慨良多，今裁成数句以记之。

　　深沟阔海阻西东。炮声隆，互弯弓。赤崁楼姿，只在忆思中。幸有脊梁支弱膂，筋未断，脉葱茏。

　　恩仇泯过冀相融。启三通，走商工。几重妖霾，难挡陆原风。终是玉珠同挽臂，兄弟契，大华雄。

踏鹊枝·庚子清明寄

（2020 年 4 月 4 日）

缕缕悲丝何处驶？同感归人、新岁情驰迤。花树尽成呼祭纸，湘妃涌泪珠含沚。

天地相偕心互倚，共遣东风、芳草萋萋靡。忽见姮娥宽袖起，彩虹高挂衰烟徙。

沁园春·重庆

（2020 年 7 月 31 日）

　　重庆，桥都、雾都，山城、江城、火锅之城。自先秦巴郡开城，已历二千三百余秋，其间风云变幻、气象万千。每临重庆，感慨油生；日前再往，始成一吟。

　　四峰围托，两水驰融，战国启筹。看城依仞壁，楼接天宇；道呈波浪，桥现娇柔。洞展奇观，门藏机幽，吊脚摩崖竞冕旒。寻佳处，品辣风甘雾，万象齐收。

　　沧桑千度春秋，叹铁马金戈铸恨仇。见王侯争霸，旌开旗休；骁雄弄阵，冠落身囚。危难时节，迷津渡口，幸有神擎正舵头。潮来也，纵关山横屹，难阻飞舟！

一剪梅·诗酒会

（2020 年 9 月 16 日）

香溢狻猊燃绪幽。醑诱雄浑，觞举浓愁。婉言豪曲斗奇妍，句也妖娆，语也风流。

万态千姿颂九州。欲遣新潮，却展回眸。凌云笔下绘浮生，志上青天，情上心畴。

桂枝香·两节述怀

（2020 年 10 月 1 日）

公元二〇二〇年十月一日，值国庆、中秋同时，有感而述之。

天清云薄，看高邈乾坤，格外寥廓。迢递山河竞秀，锦绸萦铄。吴刚献酒嫦娥舞，任娇柔、世间倾落。聚丹丘处，月中宫阙，九州村郭。

好风景、英杰扩拓。忆故国曾暗，强寇侵掠。镰斧兴发，终获斩狼斫鳄。岁生七一情兼火，覆盂威扬物丰博。谁能与敌？长缨持手，必羁妖恶。

踏莎行·秋雨

（2020 年 10 月 6 日）

去叶无声，打枝有语，氤氲盈漫迷汀渚。疾徐缱绻戏黄花，更催征雁朝南举。

冷暖同行，湿温共与，飘忽恰似浮生旅。都期前路满春光，美妍却在萧疏处。

八声甘州·庚子回眸

（2021 年 1 月 1 日）

似妖风恶雨鼠同来，瘟君四方游。叹苍龙临困，秃鹰断翅，举世凝愁。折柳阳关客少，紫陌道途幽。时有黑乌雀，无理嘶啾。

旧霸新雄比试，写东西内外，两样春秋。喜中华神勇，胜状展头筹。看他邦、甩锅弄政，引塔斜、疫海苦行舟。冬将过、月圆花好，必在红牛！

行香子·立春感赋

（2021 年 2 月 3 日）

一缕新阳，满季芬芳。紫云生、温溢寒藏。地呈锦绣，天展灵香。看琼花消，野花放，彩花张。

洒洒春光，郁郁河疆。等闲观、千载苍黄。揖辞贫困，再写雄强。让蓬山归，铁山绿，海山昌。

满庭芳·武汉

（2021 年 3 月 2 日）

三镇谐和，百湖泅润，两山撑举天姿。鼓琴遗爱，英秀倚江驰。黄鹤归来吐哺，艳红卧、深树青枝。眸凝处，峰妖岭媚，瑞霭漫城弥。

雄奇。寻过往，摧金布阵，除帝挥师。更当今风劲，钢炫光滋。威武精神又见，战庚子、血泪酬旗。重开步，云樯竞勇，圆梦垒宏基。

拂霓裳·雷仲篪先生佳文读感

（2021 年 3 月 14 日）

　　词界前贤雷仲篪先生年逾八旬，前日著《简议诗词酬和兼例析》一文，与余拙作两相唱和并多有褒掖，深受启发且深为感动，故一吟以谢之，兼酬各咏对词友。

　　润心田。纵情吟诵溯基源。相与和，寄呈酬唱意牵联。我有千万结，君展抚慰笺。并雄肩。趣相谐、文脉贯长年。

　　诗词瀚海，似有界、永无边。钦祖辈，四唐双宋铸峰巅。佳言含苦涩，隽语自文渊。志高骞。越关山、攸往竟无前。

南乡子·上巳节游春

（2021 年 4 月 14 日）

次第起仙葩，香郁姿妍诱万家。车水马龙奔阆苑，如鸦，多半游人少半花。

芳卉绕裙纱，蘤蕊相谐戏彩霞。雁鸭弄风传祝语，哗哗，遍地欢娱奏福嘉。

七绝·六一抒怀

（2021 年 6 月 1 日）

其一

节逢六一喜欣滋，心浪翻腾似少时。

花地草田追稚影，酒酣耳热忆童痴。

其二

风雕皱面雪堆髭，岁长难拘壮志驰。

奋翮桑榆犹展锐，晚霞千里映天奇。

春风袅娜·寄建党百年

（2021 年 6 月 30 日）

顶如磐烟雨，奋棹扬舟。征腐恶，抗仇雠。倚工农、荏弱火苗来势，二十八载，终定沉浮。领袖英明，人民聪勇，揽月捉鳖争玉旒。九域山河再装塑，功丰绩伟耀全球。

屈辱从兹尽洗，泱泱故国，傲寰宇、又展风流。承初念，守长谋。新朝百岁，强盛当酬。阨隘横时，气亏即止；胜图开处，力辍难收。红旗翻卷，要重霄霞彩，恣情荡漾，拂遍金瓯。

傅东渔卷

傅东渔

傅东渔（右）与李永金司令合影

傅东渔　字北樵，号信斋，北京诗词学会常务理事，龙潭诗社社长。诗词收录于《信斋击壤歌》。

贺新竟陵诗派成立

幽深孤峭索诗归，

悟得性灵承钵衣。

老凤清声扬大雅，

竟陵新韵动京畿。

庚子端午两首

（一）

龙飞端午正中天，

伟大复兴陈眼前。

十亿同舟齐竞渡，

锦标衔得舵师贤。

（二）

时维端午伟人生，

龙跃中天致太平。

谁挽云河昊穹洗，

我傒哲后大河清。

江湖一统齐争渡，

夷夏三分共奋荣。

贸易烽烟瘟疫逝，

举城同乐贺华庚。

贺李永金司令①八秩寿二首

（一）

云河谁与洗天青，

铁鸟作犁耕昊庭。

君驭南风司国钥，

我临东海鼓雷霆。

龙潭倚剑三边晏，

凤阁吟诗九域宁。

老骥嘶风期万里，

梦圆揽月又追星。

------

① 李永金司令为原北京军区副司令员兼空军司令员。

（二）

赵有老廉颇，秦人心惮慑。

犹因李帅威，虎豹等闲猎。

揽月又追星，天河任君涉。

将军寿杖朝，宝剑鸣金箧。

和陈存根书记①《大雪》

燕山大雪似鹅毛，

莽莽长城披白袍。

涿鹿当年龙战烈，

神州庚子虎争号。

天生白羽舆图远，

地覆琼花兆庶豪。

朔气狂吹清昊宇，

乾坤得一众陶陶。

---

① 陈存根书记为中央国家机关工委原副书记（正部长级）。

附：

陈存根书记《今日大雪》

荷残碎破碧玉盘，菊败卸落黄金冠。

寒风凛冽萧瑟木，枯草败叶霜尽染。

松柏铮铮骨犹傲，翠竹刚刚节凌寒。

时妆琼树秀梨花，严冬已至春待还！

回文诗二首

（一）题宽院国誉府

通宽院落叶飘蓬，

落叶飘蓬断嶂风。

风嶂断蓬飘叶落，

蓬飘叶落院宽通。

（二）中秋

中秋桂月醉枫红，

月醉枫红碎碧空。

空碧碎红枫醉月，

红枫醉月桂秋中。

竟陵八友

竟陵八友发清声，

西邸宾朋四韵成。

万古文心永明体，

行中水者致升平。

桂枝香·中秋国庆双节重

秋高望远。正塞雁南翔，蟹肥鱼健。万里铺金稻浪，九州仙苑。嫦娥新酿蟾宫酒，共人寰、俊赏嘉宴。海天明月，苍龙腾踊，百灵来献。

物吾与、相知冷暖。信尧舜心传，济世雄算。昆岭三遗，岸谷骤然遒变。玉泉趵突甘霖降，太池秋波钓银汉。国人同梦，周邦虽旧，运鸿时蹇。

临江仙·依韵范恒山会长《西安》词

三大干龙昆岭出，终南祖脉灵峰。岐山鸣凤拜飞熊。秋风生渭水，王道起关中。

复遇河清圣人现，华胥梦问崆峒。武王伐纣地天通。长安又红日，煮酒论英雄。

附：

范恒山《临江仙·西安回眸》

高塔深门藏厚韵，流霞袖剑交融。半空血雨半和风。几多荣辱，都汇薰街中。

岁月三千成旧忆，镐丰今世犹雄。古垣新郭竞兴隆。丛楼深处，皓日透心红。

一剪梅·和范恒山会长[1]

惟楚有材第一州。南岳阳楼，北武昌楼。竟陵诗派有源头，屈子离骚，西邸风流。

范子雄文万古留。江海言忧，庙幄言忧。不为良相则良医，退阅春秋，进抱宏猷。

---

[1] 见第 15 页《一剪梅·诗酒会》。

踏莎行·依韵范恒山会长《秋雨》词①

雨打幽燕，寒来朔宇。金城风满银楼怖。鲜衣怒马杳无人，萧萧落木徐娘恶。

楚客离忧，骚人苦赋。一枝一叶清斋虑。霖铃蜀道马嵬香，鸡鸣不已重山度。

---

① 见 17 页《踏莎行·秋雨》。

八声甘州·依韵范恒山会长《元旦》词①

酉鸡鸣唤仗斧镰刀，赫曦耀神州。中原沉陆，钟山风雨，歧道何由？敢笑秦皇汉武，只为庶民忧。再送瘟神去，鹤返江流。

欲把昆仑三截，冷热环宇共，命运同舟。问蛇裔共济，争忍遍骷髅。大河清、圣人复出，醒龙飞、狼主走荒丘。田单阵、扭乾坤处，必在奔牛。

---

① 见 18 页《八声甘州·庚子回眸》。

满庭芳·和范恒山会长《武汉》[1]

三峡潮来，汉江烟树，两龙盘踞雄都。武当仙府，更大别霄衢。天造洞庭福水，古云梦，麋鹿呦鸣。吴人误，埋金建邺，不食武昌鲈。

黄鹄今复返，中京宝地，天下先驱。首义惊雷起，平荡寰区。横渡长江剩勇，战瘟疫、灭尽妖狐。龟蛇耸，高山碧水，堪锦绣舆图。

---

[1]　见 20 页《满庭芳·武汉》。

沁园春·花朝

梅影渐残，桃杏方浓，取次半春。正蓟门烟树，沧波太液，花荫琼岛，趵突南薰。积翠居庸，金台鸣鹿，古木逢殷见瑞麟。经霖雨，探卢沟月窟，西岭浮云。

江山谁与担承，百年几多雷霆万钧。念红船启荜，井冈星火，长征孤胜，平荡乾坤。九点齐烟，沧桑巨变，河水清而出圣人。新时代，唤苏秦负剑，鬼谷奇门。

龙潭酒^①赋

一年酿成，历夏经冬；

二节曲沙，端阳重阳；

三种原料，水麦高粱；

四气中和，寒热有度；

五德兼备，壶中乾坤；

六合混元，通经养丹；

七次取酒，妙喻浮屠；

八番发酵，信契河图；

九回蒸煮，道合洛书；

十洲仙境，华胥梦圆。

---

① 龙潭酒由龙潭诗社策划，贵州国本酒业制造。

海棠春·上巳节冶春

兰亭雅集三清宴，曲水逝、天人同愿。吟啸舞雩台，草色关山远。

晓听布谷声声咽，四九苑、英秾絮乱。栈阁海棠香，驽马痴春恋。

醉太平·八卦宴

伊翁五味，天师宴会。更添朱子八仙位。尽乾坤典美。

东龙西虎龟临水。南凤举，鸳鸯对。玉马金珠仁风惠。艮山春月醉。

水龙吟·信平天下

　　圣人托梦心传，信经一卷平天下。南门立木，千金一诺，胜他虞诈。万古长空，一朝风月，皆同庄马。正土崩瓦解，移星易宿，禹甸外、纷纷霸。

　　自古牧民以信，与鸿钧，方称孤寡。人心危殆，道心危殆，厥中华夏。西域诸邦，南洋万国，中元评价。太平春，百岁曙鸡又唱，卅年天假。

龙山会·三清茶①宴

赤县华胥梦，自鼎湖去，九域遗龙种。不周山触断，天地隔、仙界人间遥拱。何道赴蓬莱，见真性，骑龙弄凤。宴瑶池，驱驰八骏，斗旋星动。

今朝五教群贤，共宗同文，雅聚桃源洞。话昆仑与共，分百族，曾建通天云耸。茶宴号三清，醉龙酒、江山一统。五星出、东方既济，百灵来贡。

---

① 三清茶为乾隆皇帝发明，用松子、梅花和佛手烹煮而成。乾隆皇帝从五台山回京路过定兴遇雪，在毡帐中用雪水煮三清茶，作《三清茶》诗："梅花色不妖，佛手香且洁。松实味芳腴，三品殊清绝。"盖取为政清廉之意。后乾隆皇帝常于宫中举办三清茶宴，君臣品茶赋诗。龙潭诗社以三清茶配方化裁创新"三清龙茶"，举办"三清茶宴"雅集，以文会友，以友辅仁。何谓三清？佛手松实梅花，身清心清迹清，天清河清晏清，玉清上清太清。

瑞龙吟·华胥梦

华胥梦。人祖意动雷公，九州龙种。孰为万世纪纲，女娲执规，伏羲矩用。

顺天统。日月斗旋尧则，渎江禹贡。磻溪垂钓飞熊，卧龙草舍，文成佐凤。

持九阴经谁识，布钱为阵，万邦惊悚。纵鬼谷子重生，稍逊天纵。移星易宿，系此仁心动。弹指间，高陵为谷，深渊为冢。跨海争龙虎，武王伐纣，银鱼跳舰，幽蓟群星拱。烽火定，三江五湖凭拥。信平四海，角端与共。

飞龙宴·龙元币[1]

丝绸路凿空，西疆纳土，张骞勋烈。万里西洋，郑和宏舰旌节。介子楼兰计谲，任一怒、报天山捷。望南海路，惊涛汹涌，鹿失群雄猎。

龙崛，新出齐天绝。信能平天下，莫凭金铁。击壤残歌，阅窥万古明月。天局蓬莱布设，运鸿钧、斗星调燮。五洲克协，龙涎醉宴神仙悦。

---

[1] 龙元币：DRAGON DOLLAR COIN（简称DDC）
发行人：龙潭诗社
发行量：1000亿元
imToken地址：0x503fd9f344c9d89a9d5d9509bdbcdd1467a706c5。

雷仲篪卷

雷仲篪　武汉中南财经政法大学教授、研究生导师。1934 年 8 月出生于武汉黄陂书香世家，自幼深受家学渊源熏陶，习染中华诗教庭训。中华诗词学会会员、中国国学研究会研究员、中华诗词新调学会顾问、青松诗社荣誉社长。一门三代学人接力研究 70 余年完成皇皇巨著《诗词曲联格律新论》。

虞美人·端午感怀

　　岁岁赛龙船，年年祭屈原。一代伟才千古赞，沉命汨罗万世叹！屈原是国际公认的世界文化名人，国之骄子！端午再读《离骚》，追昔抚今，想当今盛世，民富国强，引领地球村，乃圣人出也！仰仗习近平总书记治国有方！百感交集，故有是阕。

　　国亡身殒今何在，沉汨千余代。端阳展卷诵离骚，世界名人经典乃国骄。

　　尧天舜日百花绽，盛世炎黄愿。共筑国梦圣人恩，华夏巨龙兼济地球村。

满庭芳·次韵范恒山会长《武汉》

九省通衢，两江交汇，凌云万厦雄姿。十桥飞跨、天堑任骋驰。崔颢归来点赞，乾坤转、海市仙枝。天将幕，银花火树、光闪倾城弥。

传奇。回首处，武昌首义，辛亥兴师。看当代豪杰，胆气丰滋。庚子封城抗疫，逆行者，血染红旗。从头越，共筑国梦，固我九州基。

满庭芳·再次韵范恒山会长《武汉》

九派明珠，江城三镇，鳞次玉宇雄姿。通途天堑，虹隧凭轻驰。李孟重游口占，沧桑变、仙景琼枝。园林市，山清水秀，深绿满城弥。

神奇。光谷炫，大学林立，聚集名师。喜旧貌新颜，各业丰滋。中部腾飞突起，登高眺，猎猎红旗。新程迈，复兴华夏，壮吾大国基。

七言古风八韵·赞莲^①歌

菡萏出污而不染，冰清玉洁娴雅绚。

濯濯涟涟而不妖，香远清淡品自高。

中通外直不枝蔓，亭亭玉立不可攀。

水宫仙子映日红，古今秀色唯芙蓉。

溪客跳雨似玉珠，散了还圆物华殊。

雨过泽芝放异彩，红裳翠盖灿烂开。

叶花籽芯藕根带，浑身是宝人皆爱。

并蒂同心造化果，如来观音佛莲座。

---

① 菡萏、水宫仙子、芙蓉、溪客、泽芝等皆"莲"之别称。

七绝·用韵和清郑板桥"竹石"①

瘠地扎根顶朔风，

虚心坚劲半空中。

高洁玉骨出冬笋，

三友梅竹伴雪松。

---

① 《清·郑板桥·七绝·竹石》：咬定青山不放松，立根原在破岩中。
千磨万击还坚劲，任尔东西南北风。

楹联·共和国七秩华诞庆

上联：共和建国，雄居世界民族之林，巨龙腾飞，玉宇澄清万里埃。摧枯拉朽，承前启后，锦绣河山倍增锦绣。中华儿女兴伟业，开放改革，经济腾飞富中华，祥瑞新开。华诞七旬，风景这边独好，和谐盛世祖国与天地同寿。

下联：港澳归来，傲振大国古邦之盛，雄狮跃舞，金风卷起千层浪。砥砺前行，继往开来，文明古国更加文明。华夏子孙起宏图，科学发展，国防崛起强华夏，金瓯永固。神州万里，江山如此多娇，国泰民安社稷共日月争辉。

横披：共筑中国梦

七绝·初心如磐

初心刻骨志如磐，

使命填膺铁臂担。

开放改革谋发展，

同筑国梦挂云帆。

七绝·赞人类命运共同体

地球村里绽群花，

命运相同聚一家。

共利同赢还互补，

和平发展史称夸。

七绝·盛世重阳①

茱萸插遍共壶觞，

高处陶菊分外香。

习总祝福康且寿，

人间晚景胜天堂。

---

① 2019 年 10 月 7 日是重阳节又是老人节，习近平总书记以书信的形式向澳门及全国老人祝福，老有所养、所医、所乐，健康长寿！社保全覆盖城乡亿万老人。

七律·琴韵

二胡音色似人声，

琴会欢歌胜啭莺。

强弱缓急求变化，

悲欢怒怨在抒情。

滑音抛颤风格异，

顿泛揉弦更好听。

奏者如痴闻者醉，

宝琴一把伴人生。

旧体七言排律·学诗偶得八韵

人情妙悟篇篇妙，世事斟酌字字斟。

生命抽丝织锦绣，生活点亮绽晨昕。

工描隐秀山花蜜，意笔奇思月桂醇。

语浅意深岩画永，言精旨远雪莲馨。

行间字里闻天籁，"理象"相接①妙入神。

万类生机唯进化，文章换骨必图新。

---

① "理象相接"是"理与象嫁接"的另一种表述（为了平仄相协），其意详见下《学诗偶得八韵》章法诗法简析"。

不拘格套①师吴体②，镣舞呈才共报春③。

出水芙蓉邀霁月，心清品正铸诗魂。

---

① "不拘格套"出自明代"公安派三袁"。他们反对复古模拟，提倡诗词改革创新，主张"独抒性灵，不拘格套""无定格式""以意役法，不以法役意"，反对模拟虚伪的形式主义文风，……诗文应有真情实感，率真自然，从自己胸臆中流出，不可人云亦云。只要发人之所不能发，句法字法调法，一一从自己胸中流出，此真奇也。"性灵"指人之精神、性情、情感、心灵等胸臆深处的东西。

② "吴体"是杜甫所创，清代梁章钜《退庵随笔》指出："七律有全首不入律者，谓之吴体，与拗体诗不同。"其特点在于，扬弃平仄声律(含"黏对规则")，保留律诗的对仗、押韵、句法、章法等全部格律。其追随者陆龟蒙、皮日休、黄庭坚等皆有作品传于后世。《天安门诗抄》便是现代吴体的代表作。

③ "镣舞"是"五四时期言平仄声律是让诗人戴着镣铐跳舞"之简称。此句是言"平仄声律"虽然具有束缚诗歌创作的一面，但另一面却可从难中见巧呈才，并给诗人带来成功感与乐趣。此句、此联暗喻"诗词曲联"新旧两体花开并蒂，或新或旧，诗人自主，从而中华诗坛长盛不衰。

十六字令·梅四首

梅！玉骨冰肌霜作陪。吸寒露，魂魄闪仙晖。

梅！万木枯时伴雪飞。仍瑰丽，清客①乃花魁。

梅！蛟干珊枝香暗随。珍珠绕，独舞唤春归。

梅！质本高洁诗做碑。骚人②颂，零落亦芳菲。

---

① 清客是梅花的雅称。

② 古今骚人墨客咏梅诗词作品数以千计，可谓用"诗"给"梅"立"碑"矣！

七言古风·鞍马烽尘赞岑参[1]

集嵌奇才边塞诗人岑参诗句

边塞诗人岑嘉州，鞍马烽尘十几秋。

一川朔风寒山抖，随风满地石乱走。

逆风展翅霜天鹗，风头如刀面如割。

城障塞堡云翻墨，将军金甲夜不脱。

情伤唱别易水歌，中军置酒饮归客。

主帐四夷器乐齐，胡琴琵琶与羌笛。

卫国戍边志如铁，胡天八月即飞雪。

一夜鹅毛晨觉来，千树万树梨花开。

---

[1] 四、六、八句摘自《走马川行奉送封大夫出师西征》。十、十二、十四、十六句摘自《白雪歌送武判官归京》。

七绝·悼毛岸英

凤凰浴火涅槃生，

留取丹心照汗青。

忠骨何须埋梓里，

君原天上一颗星。

天净沙·反腐歌二首

其一

苍蝇老虎土皇，民财公款私囊，珠宝钱山放荡。灵失魂丧，难逃党纪法网。

其二

行尸走肉蛀虫，贪婪利欲奸雄，巧取豪夺权弄。五心全用，事发落马牢笼。

家　赋[①]

　　中华文化其悠久兮，源远流长；中华文化其鸿富兮，博大精深。论"家"者，诗文而多多，何谓"家"，"家"之特性何在？言家而必先言人！神学告之曰：上帝创世造人也，始有亚当与夏娃；女娲补天造人也，始有吾巍巍中华！造化告之曰：万物以天创；物分以阴阳。雌蕊雄花，结果抽芽。大自然伟大奇葩，男女爱情婚姻家！传宗而接代，既往而开来。天演物竞繁昌；劣汰优胜流芳。理性告之曰：家之特性也，源于人之特性，人则双重特性。一曰生物性！人根于生物基因，故吾辈乃"生物人"！家者，"生物人"首站，家者，"生物人"

---

①　此篇属排赋，全文四段，1466 字。第一段带"序"，主写"家之特性"；第二段写"家之美喻"；第三段写"家之呵护"；第四段写"家风家训"带结尾。

摇篮。家者，"生物人"血脉传承，家者，"生物人"繁衍宝城。二曰社会性！人类乃万物之灵，创造社会鬼神惊。社会乃人者，生存营堡；家乃社会者，组织细胞。故吾辈乃"社会人"！国者，千万家；家者，国之娃。家者，"社会人"启蒙小学堂；家者，"社会人"性格塑造房；家者，"社会人"品德浇铸厂；家者，"社会人"入世的导航！"家"有大小，辈有长幼。儿女兮，父母处乃家；伴侣兮，夫妻处乃家；父母子孙几世兮，同堂处乃家！

古今吟诵"家"者多用比喻，如格言、似名句。家之美喻兮何其多，激滟波、莲花座、奇花朵、结硕果、传薪火、牢不破、高枕卧、千岁柏、天宇扩、春风陌！家者剪不断也，血脉亲情；家者放不下也，魂牵梦萦；家者离不开也，绵绵心影。家者呵护伤痛之疗养院；家者旅途疲惫之古驿站。家者，童年之回顾；家者，感情之归宿；家者，冬日之暖阳；家者，天伦之温床。家者，一曲永远唱不够之乐谱；家者，一册久久读不完之好书；家者，一帧终生抹不去之美图。家乃诺亚之方舟，帮吾辈渡过恶浪而驶向彼岸；家乃心灵之绿洲，帮吾辈排遣烦恼而喜笑颜欢；家乃拂面之春风，帮吾辈驱逐酷寒而迎来温暖；家乃结实之大伞，帮吾辈遮风挡雨而抵达平安；家乃黑夜之灯塔，帮吾辈照亮前程而翻越险滩！家者远避惊涛也，安全港；家者拒绝灾难也，特护房；家者培育温馨也，百花庄；

家者事业支撑也，大后方；家者践行美德也，讲经堂；家者凝聚亲情也，强磁场！

"家"之功能非天生，她需要成员之呵护、培植与建树。维系家之纽带乃亲情；亲情需要用真心经营！亲情乃人间最纯洁之真情，家失真情，幸福告罄。家需以虔诚之呵护；家需以无悔之付出；家需以更多之反哺；家需以及时之搀扶。家需以照顾、帮助、贴补！家因亲情而温暖、平安！家因亲情而放松、从容！家因亲情而甘甜、眷念！家乃一首兮，情丝万缕好诗；只有用心兮，才能读出美滋。家非敌我战场，不可恶语相向，不可吵闹猖狂。大事小事，有商量；不为小事，情受伤！亲情被伤，也寒心；一言伤人，铸悔恨！赡养老辈也，孝道；关爱亲人也，回报；养育子孙也，天诏！家失呵护，其势日暮，终至痛苦。纵然尔富甲天下，也只一个"吾之家"，"有钱能使鬼推磨"，却难买"亲情与家"。

国有法，党有纪，家有规，不以规矩，不能成方圆。家风家训也，代代传；忠厚仁义者，福之源！勤俭传家者，家业长；诗书传家者，翰墨香。贵和方承平；家和万事兴！上慈下孝；爱幼敬老！谅解沟通；大度包容！家有十忌兮：发怒、霸道、诅咒、暴力、挖苦、讽刺、冷漠、离间、挑拨、诡谲；家有十倡兮：温和、礼让、抚慰、体贴、尊重、鼓励、热情、团结、亲善、理解！自强不息业道永无涯；修身齐家治国平天下！达则兼济庶民，穷则独善其身！认真做事，老实做人；遵纪守法，敬业乐群！不义之财，不取分文！贪色酗酒兮，休染指；聚赌吸毒兮，毋宁死。为人做事兮，不亏心；半夜敲门兮，心不惊。家训懈怠，家必破败！华夏文明而五千载；家之文化而深似海；《家赋》议论，虽然肤浅；家若此者，庶乎近焉；人若此者，善莫大焉！

赵发洪卷

赵发洪　曾任空军第七飞行学院政委、空军航空大学飞训基地政委。中华诗词学会理事，中国楹联学会理事，北京诗词学会副会长，北京楹联学会副会长兼朝阳楹联学会会长。出版随笔《心随》，主编《走向我们的小康生活》联墨集，参与编辑《纸船明烛照天烧》诗集。诗词、楹联作品散见于国家、省、市有关报刊，一些作品获得等级奖。

咏空军机务兵

油腻一身凡布衣，

毫厘险迹手心医。

真情托起蓝天梦，

银燕高翔莫误时。

每到三八妇女节

三月京城国事多，

推窗遥看万千河。

会堂关政春风里，

巾帼须眉一首歌。

除夕电网工高架塔上

铁塔为梯任意攀，

迎风挺立半空悬。

群山望尽春光好，

灯火人家一线牵。

网　购

当今购物真时尚，

拨弄手机纤指忙。

交款只需支付宝，

两天货到送门房。

病房雷锋

每逢三月路边红，

旗帜高扬正气崇。

庚子新春别样看，

雷锋万万病房中。

观朱日和阅兵

塞外沙场夏点兵，

阴山列阵铁流横。

旌旗三面灼天色，

血性四军豪气生。

多路挥师疆域固，

九霄联网众成城。

巨轮带梦征千里，

恶浪狂风誓碾平。

怀念抗美援朝战斗英雄王海

援朝试箭翼腾云，

首战强敌铸巨勋。

忘死舍生怀壮志，

精飞苦练自虚心。

一生追索蓝天梦，

历史铭标大义人。

九秩旋升星宿列，

万民仰望栋梁臣。

战鹰迎春

机场旷芜草断青，

蓝天利器静听情。

银鹰飞掣雪蹀舞，

骄子谋攻雨点声。

剑破苍穹无恨事，

弓开云日有奇兵。

借得春色光阴迫，

抖擞戎装再远程。

重回东北老航校

记忆犹思添绿翠，

传奇故事馆中藏。

挥师列阵威三省，

尚武育鹰驰四方。

昔日将星垂史笔，

今时俊士定安疆。

校魂精字凝丹血，

浸印军心诗两行。

澳门回归

妈阁曾经断海涯，

母怀难暖痛离家。

临渊浸雨酸心泪，

认梓归宗爽目霞。

自治当延华血脉，

常欢不忘系根芽。

濠江扬子波同涌，

共润香莲向日花。

高碑店高跷老会

光绪年间老会圆，

功夫足下府门前。

登高七尺当空列，

回望百年仰目旋。

耍技逗哏添妙趣，

堆山摆尾乐幽妍。

风情舞动高碑店，

好景宜人入眼鲜。

又到海南过冬

乐感蛙声耳畔呱，

蒙蒙细雨到天涯。

背囊依旧薄纱件，

鬓角再添银色花。

始借朝晖千里度，

存珍岁月半生华。

人非草木初心在，

未敢忘情还老家。

同学四十周年相聚

风华正茂月明楼，

分手朋兴四十秋。

举盏真情如火帜，

倾怀佳句比星稠。

轮蹄老至犹知遇，

梦泽新裁欲待谋。

求索漫漫路修远，

初心莫忘再从头。

西江月·读范兄《高扬起奋斗的翅膀》

至论心声凝粹，渊襟善教高瘳。博文广种智通谋，奋起少年时候。

淡泊无忧名利，雄才细制前俦。鸿书一本握千秋，读罢春风透牖。

七律二首

乡　贤

古井润滋彭庙郎，贫身学艺气犹昂。

虽经沧海泾和渭，不忘初心雪与霜。

本已休职安享乐，依然酬志念家乡。

情如浩瀚沱江水，桑梓称贤誉远扬。

中秋有记

手捧花椒秋始成，金风萧瑟不蝉鸣。

一轮明月窥窗牖，万户欢怡入视屏。

鹤发芳辰多惬意，薛笺盛世写新声。

静听群雁南归去，更待春回报喜程。

宜人居小聚

宜人居处好风光，

玉叶摇红喜上妆。

一树山楂迎远客，

半墙竹影暗生香。

余音袅袅新衣舞，

惬意盈盈笑脸扬。

调墨铺宣思绪涌，

不知异地是他乡。

清平乐·孙儿折纸

一双手巧，仙鹤桌边闹。哥帅甜甜龙胆小，在外见人话少。

静静坐地凝眸，姥姥喜上眉头。自会纸折大炮，说能打倒熊猴。

西江月·苗乡春色

烟雨含春苏梦，老牛憨态奔途。桃花岭上万枝殊，寨寨村村劲舞。

采摘茶新香袖，秧苗青览扶疏。水天一色地灵图，霞血映红庄户。

卜算子·韶山冲

山海茂林深，滴水通幽浩。上屋场中故居存，叠秀轻云抱。

韶乐换新章，纵笔春秋好。万象如屏次第开，锦绣清音渺。

深院月·翘首北京冬奥会

（一）

齐瞩目，两城腾，京张携手惯长城。夏奥酝香冬奥续，再添一遍雪冰情。

（二）

崇礼顶，五环升，使者墩墩再出征。梅破冰葩姿岭上，雪坛明日载繁星。

（三）

时倒记，鼓钲声，馆村流线寄真情。冰雪健儿摩擦掌，翘怀名榜壮心轻。

满庭芳·依韵范兄《武汉》

眼底江城，腹中三镇，茫茫一线含姿。水来云峡，过往向东驰。吟弄风流黄鹤，堪可说，诗境高齐。别来久，难忘求学，屈指总痴迷。

百年知史鉴，潮头勇立，沧海功悲。留青史垂名，武汉英威。曾有伟人信步，从来急，抱负于斯。珠辉动，中原崛起，荆楚铸宏基。

甘海赋卷

甘海斌　湖北天门市人，曾任中国人民解放军总后勤部司令部秘书局副局长、管理保障局副局长，中华诗词学会会员，中国楹联学会名誉理事，中国楹联学会传统文化研究院顾问。出版有诗词集《梦之痕》、随笔散文集《聊天心语》、古诗译著《诗海撷珠》（上、下册）等。

抒　怀

慎言立德贵修身，

寡欲清心不染尘。

苦读诗书多励志，

勤耕池砚爽精神。

宽容豁达胸襟坦，

益智安神思路新。

老骥奋蹄千里志，

平生追慕圣贤人。

满江红·庆祝中国共产党百年华诞

旭日初升，望志路，南湖一叶。镰锤举、惊天霹雳，朗坤明月。御侮安邦烽火盛，当家做主黎民悦。易政权、祈玉宇澄清，从头越。

求国泰，前耻雪。仓廪富，不盟结。反霸凌奏凯，五洲传捷。上下齐心同筑梦，八方欣看旌旗猎。瑞气腾，喜赤色江山，坚如铁。

红船颂

南湖烟雨荡红船，

历尽沧桑驶浪巅。

橹桨续划奔大海，

罗盘定向舞穹天。

赢来华夏苍生乐，

扫去神州厉鬼湮。

傲视寰球行百载，

扬帆世界领航先。

沁园春·望神州

仰望神州，北国冰城，南海碧滔。瞰昆仑原野，峰高岭峭；江河澄碧，草木丰饶。故土舆疆，旌旗猎猎，将士威严剑出鞘。宏图起，赖炎黄后裔，倾力齐描。

巨龙腾空攀高，屹民族之林无限骄。铸中华魂魄，百年圆梦，国安民富，党把航标。亿万人民，正堪笑傲，敢藐强权行晦韬。寰宇内，我泱泱大国，风景惟娇。

八声甘州·步韵恒山兄《庚子回眸》①

遇轭鞅乌犊奋蹄来，别岁鼠正休。愿新冠瘟疫，趁天寒彻，远遁无忧。独领风骚华夏，雨过彩虹悠。安泰胜雄辩，何惧鸦啾！

方向航程标定，启循环内外，谱写春秋。喜高瞻远瞩，"十四五"深谋。笑他邦，党争伐异，互顶牛、败局不堪收。欣看我，五洲寰宇，砥柱中流。

---

① 见 18 页《八声甘州·庚子回眸》。

次韵傅东渔先生《题高碑店》

高碑史记首埠乡，

漕运兴隆达沪杭。

举目帆樯梭似掷，

回眸粮米垛盈仓。

连通万邑传千古，

筑梦超前创巨煌。

且看京畿今胜昔，

明都不枉别建康。

傅东渔《题高碑店》

赤县神州第一乡，天河吐纳接苏杭。

京畿锦绣维民止，运河烟波济国康。

古貌新颜今胜昔，先驱后俊凤追凰。

南商北货迷人眼，疑入长安棋布坊。

满庭芳·步韵恒山兄《武汉》

华夏天元，龟蛇隔峙，塔光辉映楼姿。二流交汇，浮舸竞相驰。天堑诚然难阻，市同体、交网如丝。观高厦，凌空栉比，炫彩眼花迷。

悲乎！正引领中游崛起，创造传奇。遇冠毒猖狂，顿失生机。凤鸟涅槃恰是，挽天宁、血染红旗。谋长策，图强兴盛，夯固楚天基。

上元节

2月25日夜北京普降了一场雪，初春瑞雪兆丰年！朋友圈有人发了在颐和园拍摄的这场雪景，真美！故应时应景，有感而发，写下此诗：

龙游狮舞市衢绵，

结彩张灯万户前。

击鼓声惊云翳碎，

斗牛乐至月盈圆。

笙箫短调温佳梦，

号笛长歌颂圣贤。

垂柳已谙桃杏意，

初春降雪兆丰年。

步韵陈存根书记《寒露》

新冠肆虐太猖狂，

搅彻寰球久失常。

共享和平期永远，

单边霸悍世悲凉。

天崩自信娲神补，

涅槃欣飞火凤凰。

一统江山无阻挡，

中华复兴不迷茫。

陈存根书记《寒露》

京华连日风欲狂，云收云覆天无常。

昨沐丽日宛若夏，今添外装肤沁凉。

绿瘦黄渐汽凝露，寥阔天高雁南翔。

城里沽酒品蟹肥，可知乡间收种忙？

（陈存根，中央国家机关工委原副书记）

人月圆·脱贫赋

牛年捷报春来早，脱困获佳声。初心不改，攻坚克难，奇迹频生。

曾闻讥笑，贫穷亘古，臆梦难成。今看华夏，功垂业兴，举国欢腾。

鹧鸪天·牧童吹笛唤春晖

桃李初开燕子飞，柳丝轻拂晓烟追。泠泠细雨绵绵落，絮絮阴云紧紧随。

惊蛰到，放牛归，牧童吹笛唤春晖。一年莫误农忙早，耕出山河锦绣回。

咏 春

春光明媚水环廊，

放眼西山气送香。

鸟跃枝头寻爱友，

仕行锦苑讨诗章。

退休莫谩人珠老，

迟暮焉轻负夕阳。

枯萎生萌新一季，

草青花艳竞芬芳。

行香子·清明

寒食春浓，姹紫嫣红。有蜂飞蝶舞花丛。杜鹃啼血，初显芳容。有几株梅，几株柏，几株松。

雨丝轻落，烟香袅袅，看墓园人蚁车龙。贤孙孝子，尽列其中。奉悲哀心，相思泪，烛光红。

西江月·春茶

雨润山山古木，露滋树树灵芽。天然清气漫生华，孕得春茶无价。

汤泛莹莹碧透，香涵淡淡清嘉。慢时光里享轻奢，一种闲情潇洒。

水调歌头·八一战旗红

九四沧桑过，八一战旗红。雄狮威武南昌，城里炮声隆。党领武装割据，唤醒工农大众，怒吼裂长空。三座大山覆，民主共和忠。

新长征，担重任，当先锋。紧跟舵手，无畏生死向前冲。保驾护航崛起，抢险排洪除疫，鱼水永交融。壮志卫华夏，豪气傲苍穹。

观卢沟桥随想

卢沟晓月飞云乱，

七七京畿夜难眠。

永定河边掀骇浪，

宛平城内起狼烟。

侵华倭寇施残暴，

抗日军民铸铁肩。

敌忾同仇驱虎豹，

大刀挥舞史无前。

桂枝香·漫游恭王府

潇潇雨歇。道王府幽深，肩踵相接。池上芙蓉出水，玉茎仙骨。小荷尖角蜓先立，起轻风、榆花飞雪。碧波红浪，鱼鸳弄影，戏情浓烈。

此景色、吹消暑热。渐忘记烦忧，视空无物。空白几丝华发，稚心不灭。闲聊闲坐斜阳里，且倾听、京韵宫阙。欠壶老酒，引生轻狂，自斟欢悦。

观郑州特大洪灾报道有感

雷鸣电闪震苍穹，

大雨倾盆落豫中。

千里沃田成泽国，

万家惊梦起哀鸿。

撕肝惨景何堪睹，

裂肺凄声响长空。

祸患立时当号令，

八方驰救战灾洪。

宅家杂赋（九首）

疫情肆虐，宅家无恙。学艺抗疫，神清气爽。随心所为，聊记备忘。

（一）

春晓觉酣人倦懒，

醒来日出已三竿。

老夫眺远心祈祷，

无恙山河锦绣宽。

（二）

新冠疫情来势猛，

军民抗疫气如虹。

期颐捷报传华夏，

美酒鲜花敬英雄。

（三）

品茗临窗观景秀，

远山如黛小河幽。

阳光明媚正春色，

蛰伏高层难下楼。

（四）

微信连通共一堂，

新朋老友话家常。

抚今追昔桩桩事，

互道珍重保健康。

（五）

多年有愿研厨艺，

禁足居家绕灶台。

油炸清炖蒸煮炒，

佳肴碟碗上桌来。

（六）

琵琶琴瑟弹知难，

花甲年过故弄弦。

奏出悠扬旋律美，

自娱自乐醉心田。

（七）

文房四宝奉斋前，

每日临池度长年。

对话王颜欧赵米，

纵情再续墨之缘。

（八）

夜深人静卧厅堂，

目视荧屏伴月光。

随喜随悲余入戏，

还童老朽剧迷当。

（九）

难忘春和放筝鸢，

更盼驱魔走岭川。

诗酒年华当趁早，

人生霞彩映红天。

水调歌头·京城新竟陵派诗友聚会

举杯叹古调，浅醉亦风流。桃腮躬影，荆楚音韵一同讴。无限风光在手，过眼烟云堪赋，笔墨喜方遒。新派诗林秀，击掌笑王侯。

古雁桥，西江月，历千秋。佳肴细品，聆听契友作诗酬。名店楼台深巷，微雨秋风秋色，往事自悠悠。谈笑摘星月，逸趣任横舟。

胡水堂卷

胡水堂　湖北省天门市人，中共党员，工学硕士，原总后勤部军事交通运输部综合局副局长、副研究员，中国国防交通协会专家。中华诗词学会会员，北京诗词学会会员。

望远行·梅恋

苍山日暮，乍个起、黄云寒风吹奏。六花空舞，铺满深庭，覆盖玉阶门口。月相通明，雪映蜡梅花影，夜色青光白昼。触人心、多少深藏怀旧。

深厚。天赋万千意境，总教人、为伊守候。拢香折萼，鲛绡落印，欲把爱心针绣。寄与关山，还有余香缠绕，留取曾经邂逅。在远方、同是凌风翘首。

贺新郎·庚子春怀

又梦襄河岸。正春风、画屏绿柳，龙堤盘蜿。牛马无拘闲游处，龙背满坡芳甸。春雨霁、对飞双燕。春意从来花不负，纵妖姿、迷倒人千万。瘴雾起，又谁看。

梦惊披衣寻思断。透窗望、疏星玄月，夜光斜转。犹有乡云飘临顾，捎寄楚天祈愿。但惆怅、舟车遥远。极目青天思亲故，一麻团、心急加心乱。谁解我，恨愁怨。

满江红·庚子春

遥望东湖，又到了、迎春时节。春正好、几番忙碌，几番欢悦。沉浸繁华忧未觉，阴风来袭寒春月。恨之切、冠贼又相随，生妖孽。

街巷静，行踪灭。无处去，人悲绝。望星空战鹰，当机明决。天使行令施绝技，柳刀剜割戳妖穴。斩魔头、还万里山河，晴空烨。

河传·春三首

（一）

绿新红浅。春风吹得，娥眉妆线。妖姿舞艳，杏眼粉桃羞面。宜春芳乐苑。

笔迟画滞来回捻。凝窗远。往事频频见。不似少年春景，轻随人愿。明朝天艳羡。

（二）

春风破晓。春光艳羡，春芽悄悄。无处不撩，俗心隐忍
难熬，绿肥肥、花俏俏。

悦人燕语林中鸟。河边伴侣，唱和龙船调。堤岸柳条，
躁心浮动情骚，舞翩翩、音袅袅。

（三）

隽永，春景。墙头红杏。淡薄云天。风和日丽，清池澹
荡文鸳。跃眉间。

多情不改青春色。芳倾国。一望勾魂魄。花红柳绿，倩
影掩映高楼。令回眸。

留客住·别离

别离楚。倚小楼、万般难舍，乍春时节，却又萧萧瑟雨。斜雨离愁相织，万叠千重，情丝千万缕。谁能忍得，自今朝、昼夜影单孤处。

与谁语。晓雨滴阶檐，灯红烛苦。对景伤春，折磨心灵无数。叹息旧欢深印，后约无期，难留难去许。盈盈泪眼，望郎君、从此这般思汝。

渔家傲·端午

昨日黄昏雷雨重，今朝月季蜂儿宠。彩线轻缠芦苇粽。清香送。鲛绡团扇飞鸾凤。

不觉浴兰心已动。香蒲艾草樽前共。树上黄鹂时骚弄。乱哄哄。生生惊扰纱窗梦。

燕山亭·石榴

小院深深，新竹茂林，丹若阶前庭户。如火艳红，似柳妖姿，引蝶招蜂频顾。虫也痴情，有多少、久违心语。倾诉。怕错失良机，怎堪弥补。

儿时总爱贪欢，看秋千索下，清纯男女。玛瑙晶莹，多汁香甜，粒粒往来相互。送爽秋风，吹拂到、心灵深处。长驻。回味也、人生无数。

一剪梅·依韵恒山兄《诗酒会》词

　　昨夜三千魂梦游。心在京城，身在渝州。生生怕失聚西园，错了时光，添了情愁。

　　破雾回来人兴头。酒也豪气，诗也风流。管他三变与苏辛，信马由缰，不论来由。

水调歌头·重庆

    几度约风景，千里下渝州。朝天门外，半岛环绕两江游。人到酉阳知晋，还有天坑地缝，无处不胜幽。渝中丰碑矗，赏景会仙楼。

    渣滓洞，白公馆，骨鲠喉。尚能记否，林桂两宴不同谋。北国风光词曲，陪邸围封口谕，难解蒋家忧。红日当空照，旗帜护金瓯。

念奴娇·花晨月夕

　　花晨月夕，欲乘风万里，任凭来去。应了婵娟差请柬，便到蟾宫深处。玉宇琼楼，凤凰云海，广袖千般舞。冰轮巡视，万家烟树如故。

　　不禁忆起年初，新冠来袭，瘴气笼天雾。谁把瘟神关地狱？唯我英雄儿女。光耀东方，念奴犹在，还我花间住。与君同醉，尊声欢悦如赋。

桂枝香·佳节同度

　　金风玉露。正月色撩人，佳节同度。桂魄摇枝弄影，溢香无数。吴刚捧出珍藏酒，与群仙、分享醅醁。庙堂之上，高朋满座，情浓乡语。

　　数庚子、深蒙疾苦。有逆行天使，驰援荆楚。历历晴川，为此壮歌铭序。骚人不失情怀志，任凭长江东流去。兴邦筑梦，楚辞风流，续传千古。

踏莎行·和恒山兄《秋雨》

滴滴池凉，芊芊层染。芙蕖一夜萎无菡。篱根衰草落花残，云端雾霭浑天暗。

琴瑟萧萧，西风念念。踏云行曲相思泛。恼人况味意阑珊，阑珊之处尤疏澹。

八声甘州·和恒山兄《庚子回眸》

忆年初瘴雾罩江城，一时令心揪。叹楚天凄景，空街寂巷，举国凝愁。本是新春时节，娱乐往来休。但听西洋鸟，格外嘈啾。

更有妖风来袭，欲双重夹击，逼我低头。看中华儿女，应对与筹谋。任域外、甩锅抹黑，又岂能、阻挡复兴舟？何时惧、滔滔江水，滚滚洪流。

瑞龙吟·复兴路

复兴路。春点夜色京城，万花千树。牌楼门面桥横，霓虹熠耀，流光四处。

照无数。金水绕城辉映，玉楼琼户。春来紫气寒消，复苏润物，梅英正吐。

携带芳香寻访，九州故里，莺歌燕舞。遥想旧时春秋，多少凌侮。几经风雨，行至嘉兴埠。才收尽、蛮烟瘴气，腾云驾雾。便将乾坤固。洗天润地，云河挽住。惟把江山赋。无我也，情怀苍生黎庶。但圆一梦，义无反顾。

锦缠道·依韵和恒山兄《花朝节》

雨霁东风，洗净万千丝柳。聚仙子、玉纤春绣。招蜂引蝶寻佳偶。并蒂花朝，正艳浓时候。

看樱棠李桃，媚妆争秀。有心思、实难开口。似丽人、默默藏心头，娇羞无语，笑启胭脂扣。

临江仙慢·絮舞眷春

絮舞眷春暮，令姿漫漫，行意飘飘。伴梁燕、衔泥碌碌归巢。含娇。见风欲醉，浮萍水，戏过蓝桥。凭栏处，看远山灵秀，烟淼云霄。

轻撩。曾经拥有，懵懂年少狂飙。到如今、随性本色难消。英豪。对人生事，香醪满，我自逍遥。经霜月，似柳花依旧，不改风骚。

玉人歌·东风老

东风老。又赋予林花，清幽情调。绿肥红瘦，着意却无表。三春不记苍天恨，苦在心中绕。最哀怜、芳卉奇葩，媚娇艳笑。

新叶散馨淼。把离别愁肠，掩关巧妙。滴翠声声，雾影伴黄鸟。如烟图画青山上，更是风光好。化平常、洗去凡尘悔懊。

离亭宴·步韵范恒山兄《端午随想》

角黍春秋流漾，风物厚承高尚。香草美人辉日月，熠耀洞穿云嶂。坠露木兰花，清气浩然鲜亮。

千古骚人模样，依稀那般威壮。教我修身强心志，不负韶华资傍。任凭鬓云飞，持守初衷奔放。

惜分飞·思千万

旷霁新蝉歌声转。莲舞珠跳荷伞。十里香风漫。倩魂柳岸。星光灿。

明月多情渔舟晚。偏照窗前杯盏。今夜无需劝。自酙长案。思千万。

春风袅娜·步韵恒山兄《寄建党百年》

忆南湖烟雨，雾里行舟。亢国难，报天仇。举红旗、唤醒万千黎庶，三山倾覆，民主沉浮。大漠腾云，龙宫游弋，直上天宫梳玉旒。九域山河塑灵秀，千年民族立全球。

从此扬眉吐气，精神抖擞，恣情意、续写风流。初心守，锦鸿谋。艰辛记省，前世当酬。百岁探寻，一心圆梦。引弓之矢，破雾云收。阳光明媚，看中华儿女，今朝奋斗，祈福金瓯。

汪桃义卷

汪桃义

汪桃义　1963 年 3 月出生。湖北天门市人。中共党员，教授级高级工程师。工作足迹遍布国内外，从事石油及炼油化工工程建设工作近四十年。现任中国石油工程建设有限公司副总经理，中国施工企业管理协会副会长，中国石油工程建设协会副会长等。喜爱并创作诗词八年左右，北京诗词协会会员，其作品曾在《中华诗词》及《地火》等刊物发表。

风入松·讴歌将士风流

庆贺哈国 PKOP 炼厂圆满交付

（2018 年 9 月 29 日）

他乡时令正金秋。喜报神州。异国元首亲临阵，呈笑颜、完美接收。"带路"再增亮点，"铁军"又创新优。

五年风雨可回眸。浪里行舟。移山填海豪情在，聚群智、逐去忧愁。写遍中华美誉，讴歌将士风流。

沁园春·不负韶光

公司 2019 年度石化检修总结表彰感怀

（2019 年 11 月 12 日）

云淡风轻，醉美京都，满目金黄。看满堂将士，百般振奋；千篇肺腑，一派和祥。鏖战归来，征袍待洗，以慰真情刻寸肠。欢声里，对峥嵘岁月，又谱华章。

当时雾锁浓霜。汇众智，旌旗向暖阳。立明规百籍，同襄盛举，精兵万众；共赴前方。酷暑严寒，分分不舍，使命扛肩图自强。汗与泪，踏征途之上，不负韶光。

洞仙歌·将迎暗香萦绕

宁夏石化检修现场感慨

（2020 年 7 月 29 日）

贺兰山下，沐热风光照。四处戎装焊花耀。望周遭、物满机动人忙，近相问，挥汗争分夺秒。

常铭冲锋号，远寄他乡，巧手施行憩时少。扪问最心苦、几许伤情，别家小、奔波至老。但欣慰、宏图绘八方，纵舍我、将迎暗香萦绕。

彩云归·回家过年

（2019 年 2 月 7 日）

年关岁尾更思家，客中人，乱绪如麻。知暮归路远寒风阻，常忆起，故里梅花。几十载，四方奔走，又南泽北沙。此过去，几多离苦，锦绣年华。

还夸。爹娘健在，可相扶、霁雪晴霞。此夕聚首，同享家宴，酒肉鱼虾。四世齐，欢声未尽，又要添盏离茶。挥别后，偷拭啼痕、再闯天涯。

满庭芳·晨步偶感

晴日村烟，碧波原野，青蝉啼破晨风。通幽小径，遥忆旧相逢。几处古桥新面，依然是，流水从容。农家里，逐食鸡崽，谈笑几衰翁。

如今常念到，襟情杳杳，客绪浓浓。梦还在，怎言无奈千重。莫叹当时意志，如同那，远去春鸿。心宽处，荷塘水暖，又绽一枝红。

采桑子·人生犹若秋枫叶

（2017 年 11 月 13 日）

人生犹若秋枫叶，青绿还黄。阅尽春光，梦至深时知暖凉。

凝眸笑看樽前客，不再潘郎。一路担当，不近夕阳无远方。

七律·风雨征程岁月留

参观瑞金革命历史博物馆有感

（2018 年 5 月 26 日）

风雨征程岁月留，

前方晦暗不言愁。

丹心可立三分地，

傲骨能撑几度秋。

星火燎原成大体，

民心汇聚建新修。

长征万里红都始，

奋起群雄亮神州。

七律·哪个先贤非舜尧

参观长汀瞿秋白纪念馆

（2018 年 5 月 28 日）

不惧长汀暴雨浇，

静观史册绪如潮。

一生意志求正义，

至死从容震老妖。

方有园中新绿展，

更得世上旧俗消。

换来国事今朝盛，

哪个先贤非舜尧？

七律·人生到此可消愁

游览盘锦红海滩

（2018 年 9 月 16 日）

轻舟恍在画中游，

两岸风光眼里收。

辽阔红滩圆彩梦，

无垠稻浪唱金秋。

诗家惊叹新词赋，

栈道通幽碧水流。

白鹭纷飞添醉意，

人生到此可消愁。

七绝·中秋节情思

（2018 年 9 月 24 日）

之一

枝头圆月洒清光，

拂面西风似冷霜。

独立窗前空对酒，

且同客绪到家乡。

之二

中秋明月寄衷肠，

游子难眠忆故乡。

杨柳池塘风弄影，

百般滋味在心房。

七律·遥燃蜡炬泪泉流

（2020 年 3 月 30 日）

　　一场突如其来的瘟疫，给世界带来巨大的恐慌。国内刚刚稳定，海外又来势凶猛，今年的清明别有一番滋味。

清明遭疫堵心头，

似有千言鲠在喉。

才阻腥风汹雨虐，

又遭骇浪恶涛囚。

桃花竞艳无生趣，

垂柳轻扬起客愁。

多少相思隔万里，

遥燃蜡炬泪泉流。

洞仙歌·清流一生风度

（2020 年 7 月 17 日）

出污不染，自高洁风物。总把膏腴变轻苦。抗炎阳，鲜嫩淡雅怡香，赏不尽，神韵盈盈铮骨。

池栖轮回转，来去无声，誉美文名满千古。叹芸芸众生、百岁难留，韶华短，只余归处。细思量、惊艳不长呈，应学那、清流一生风度。

一剪梅·步韵恒山秘书长《诗酒会》

（2020 年 9 月 16 日）

小院微凉月色幽。摘来新茶，斟满乡愁。相知何必久相识，座上高朋，天下名流。

荆楚钟谭冠九州。陶写襟怀，共展诗眸。竟陵新派话传承，桑梓躬耕，风雨同畴。

七律·寒露惊秋

（2020 年 10 月 8 日）

寒露惊秋倍送凉，

暮晨愁试厚衣装。

犹听四处虫吟杳，

且望蓝天雁阵长。

院内林萧唯柏劲，

路边草萎任菊黄。

每临此季相思笃，

沽酒凝神念故乡。

七律·秋色侵林渐染黄

（2020 年 10 月 23 日）

秋色侵林渐染黄，

暖阳映露绽金光。

萧萧木叶频翻舞，

蔼蔼金菊暗送香。

庚子静悄归岁尾，

时人转瞬换冬装。

从今日日添闲适，

杯盏诗情蕴九章。

千秋岁引·独在天涯

感怀牛年春节游子情

（2021 年 1 月 30 日）

独在天涯，霜侵发际。往岁春潮共回忆。相思写满素笺上，离愁注透清樽里。对话人，梦游景，更挂记。

无奈疫情多薄义，无奈出行多忧虑。忍舍团聚自封闭。春风柔拂黎芸静，金牛劲抵山河丽。路遥远，爱咫尺，发心底。

浪淘沙令·春日情思

（2021 年 2 月 18 日）

往事印心间，感慨无边。倚窗似见燕翩跹。闻说故园春信早，正适游玩。

异地度新年，家小皆安。吝言愁绪懒妆颜。初起东君撩梦寝，锦绣天蓝。

破阵子·晨游避暑山庄感怀

碧水云悠莺啭，晓风翠涌花香。殿宇层楼俏静影，泉眼渐烟润四方。路人幽绪长。

休道皇家盛事，尽成美梦黄粱。且看碑林留翰墨，妙笔浑然诉旧章。犹添疏与狂。

摸鱼儿·怎能消八年愁绪

广东石化项目建设过程随想

（2021 年 5 月 15 日）

南海之滨，宏图描就。历经十年，虚度八载。重启两年，目标铆定。困难虽多，雄心犹在。有感于此，填词抒怀。

怎能消、八年愁绪，还兼两载驹隙。虽曾梦想宏图展，又似昙花难继。思未已。望海阔，云天碧浪新潮起。隐忧萦系。叹岁月徒流，韶华空逝，云卷风吹去。

平生事，最怕蹉跎无序。历来建设同理。千军纵有精装备，方向不明谁虑？当远计。明灯亮，同心协力拼搏旅。汗挥如雨。任衣带宽长，豪言无悔，誓把目标取。

秋色横空·瘟疫无央

感叹新冠下海外工程建设者们艰辛的回家路

（2021 年 8 月 11 日）

瘟疫无央。叹愁萦脑海，困锁他乡。新毒肆虐寰球遍，思亲梦里成殇。瞻清月，恨夜长。纵有翼、徒劳空起张。默念天涯故地，酒醒还狂。

归路亦觉渺茫。感风尘疲惫，步履惊慌。护防谨饬言无怨，从简隐忍期康。多重卡，数道墙。更要住、隔离孤寂房。盼快顺团圆，情暖寸肠。

彭太山卷

彭太山　男，1952 年 2 月生，湖北省天门市人。中共党员，高级讲师。中华诗词学会会员，竹韵精品诗社会员。工作之余笔耕不辍，曾在省市以上报刊上发表论文诗词二百五十多篇（首）。

闻新竟陵诗派在京成立有寄

奇葩独秀绽皇城，

荟萃芳馨播远名。

梦绕西江悲逝水，

魂牵桑梓赋深情。

霸才坛苑岂无楚，

遗韵钟谭幸有生。

我欲扬帆征学海，

遥祈北斗导航程。

衡山颂

兼赠学弟范恒山

一柱南天傲宇穹，

劲松迎客紫阳红。

沿途璞玉石阶美，

举目衡阳雁路通。

岳麓吟哦翰墨秀，

祝融祈祷稼禾丰。

云深曲径幽迷处，

幸有高僧指远踪。

登黄鹤楼

久仰白云登鹤楼，

楚天一览尽风流。

崔郎诧异烟波美，

李白讴歌翰墨遒。

潮涌两江樯底过，

景观三镇镜中留。

曾经劫疫心犹悸，

何处神山举目搜。

闻海军天门舰入列喜赋

雄风铁舸号天门，

水上长城添堡垣。

鸣笛启航如虎啸，

劈波昂首似龙奔。

耻蒙北舰今朝雪，

浪静西沙昨日喧。

青史昭昭昌国运，

红旗猎猎壮军魂。

梦回张家湖国家湿地公园感吟

初出深闺天下诏，

千湖之省又添娇。

碧荷红鲤醉三楚，

锦羽白鸥翔九霄。

倩影不输西子靓，

游人胜似浙江潮。

他年我若回桑梓，

一睹芳容愿折腰。

登岳口大桥

车马如龙未歇停，

匆匆东去汇沧坛。

层层麦浪黄金涌，

滚滚碧波禾稼青。

街舞震天群尽乐，

颂歌盈耳众皆听。

状元故里飞虹彩，

祭酒闻之露喜形。

白萝卜赞兼贺多宝蔬菜节

头簪碧翠体如银，

日月精华聚一身。

本草生津夸最利，

内经祛湿誉超伦。

蟠桃虽寿三千载，

玉馔宜人四季春。

漫道农家田里物，

堪称待客宴中珍。

闻家乡女子诗社成立喜赋

西江浣女踏歌欢，

南国佳人据苑坛。

薛校贻笺香四座，

卓君酬犒醉三餐。

千金美赋不须买，

一曲后庭终罢弹。

薪火班昭传世代，

文姬归切促征鞍。

田父吟

学作诗人太矫情，

何如田父自由行。

嘉禾绿野躬耕乐，

牛犊黄莺翠柳晴。

几句青衣哼小调，

半斤白酒数花生。

无须辗转搜肠断，

一宿鼾声响到明。

打工者

每逢岁尾动乡愁，

留守相期村尽头。

普铁大巴偕共旅，

寒星冷月伴同俦。

梦中鸡犬树巅唱，

醉里炊烟屋顶稠。

方度团年除夕夜，

迎新又拟稻粱谋。

清洁工

晨练晚归逢老叟，

劳碌只影入吾眸。

才收杨柳絮方歇，

又拾梧桐叶愈稠。

双手茧花频绽放，

一身蓝领自风流。

赠人清洁羞言谢，

赢得冰霜染白头。

天门国际半程马拉松赛感赋

万马奔腾举世瞋，

三乡大地壮征尘。

铁流滚滚旌旗赤，

捷报声声菊酒醇。

闻讯牛郎歌梓里，

织霞仙女赠头巾。

奋蹄领跑小康路，

鼓舞诗人唱和频。

石家河怀古（古风）

史苑奇葩贻后进，

远古文明开先河。

部落陶器传薪火，

土城石斧闻干戈。

彩绘漆雕无价宝，

鸟兽虫鱼有形歌。

怀古何须添惆怅，

多情词客费吟哦。

华侨大会颂

竟陵学派谱新篇。

陆羽名园不夜天。

劲舞狂歌迎远客，

巨商大贾决高巅。

广积港澳财源茂，

借鉴美欧风采妍。

盛举共襄追夙梦，

群英煮酒尽开颜。

天门蒸菜

八大系分天下菜，

吾乡名吃数三蒸。

烹调不厌刀工细，

制作尤崇材质精。

缕缕芳馨融厚爱，

绵绵美味溢深情。

宴厨此物堪称宝，

赢得舌尖中国行。

天门印象

物华形胜耀星空，

俊彦群雄竞鞠躬。

湖嵌东西珠玉美，

水环南北汉襄通。

钟惺立派千秋业，

陆羽治经百代功。

薪火传承桑梓梦，

神州吹遍竟陵风。

陆羽故里老团干聚会

四十年前团帜红，

峥嵘岁月忆青葱。

曾经奋斗勋章在，

依旧豪情樽盏空。

接力不甘随骥尾，

弄潮自诩作英雄。

相逢莫话轻肥事，

品茗于今趣味融。

有感天门大桥重建

揖别长桥泪眼蒙，

恰如离绪醉情融。

少时梦里一轮月，

长大心中七彩虹。

龙马奔驰无险阻，

天狼射落有弯弓。

他年崛起再生日，

欣看侨乡锦绣同。

油菜籽

黄花闺女旧时妆，

乌发黛眉新面庞。

佛寺佩珠环项美，

砚池赐浴遍身香。

厨间聚会七仙子，

垄上相逢一阮郎。

月下缁衣如践约，

墨梅为汝作红娘。

贺天问一号发射成功
兼怀校友万卫星院士

向来膜拜大堂前，

今日神州敢问天。

剑指星空奔宇际，

龙腾云海跃峰巅。

瑶池赴会邀山母，

蓬岛旅游偕众仙。

谁作人梯肩此重，

每怀国士泪潸然。

周维　北京华乐诗社副社长，中华诗词学会会员，北京诗词学会会员，北京市朝阳区诗联创研员。

五言绝句三首

（一）教师节

白雪琼台落，黉堂澈宇清。

文枢聆妙响，开慧启灵声。

（二）献给教师

催种甘成雨，升鸢愿作风。

开灵师教化，传道启鸿蒙。

（三）碗儿莲

青花小碗圆，育出一株莲。

也学池荷样，微盘绿盎然。

两首悼石理俊先生

（一）

小月河边草，青青得俊灵。
纵横诗韵笔，绘出满天星。

（二）

小月河边草，垂垂哀石老。
高吟韵律声，鸣鹤西归早。

七言绝句两首

（一）西湖春

昨夜春云蒙细雨，西湖水暖湿苏堤。

双峰倒影微波皱，燕子飞飞衔紫泥。

（二）醉读放翁《咏梅》词

放翁愁赋咏梅娇，叹世哀时仕梦遥。

踏进黄昏追古意，漫寻风雨驿边桥。

野菊花

野草滩边几簇黄，

既无出彩也无香。

无缘上得菊花展，

笑对寒霜灿一场。

暮秋牵牛花

附蔓疏篱伴菊芳，

清姿欲奏凤朝阳。

弱枝颓叶花仍俏，

也学黄英傲肃霜。

北海公园

望断秋云外，微风宛若昨。

青山浮瑞气，白塔映清波。

海子环琼岛，漪涟泛素帛。

三朝铃印赤，故事梦中多。

燕山旧忆

旧事总萦怀，燕山长入梦。

苍苔覆石崖，老岭幽仙洞。

谷隐出清泉，钟灵藏锦凤。

流光沁茗馨，逸抚梅三弄。

米竹盆景

盆竹拔青翠，婷婷小玉丛。

含情传春语，有感识东风。

似解兰亭韵，犹闻曲水潆。

遐思裁妙景，斗室醉皤翁。

永宁行吟

永宁古韵话神奇，

一水中分两岸栖。

马踏千蹄遥合径，

鸡鸣三省近听啼。

要津南北通商路，

信步阴晴游客迷。

漱石流云飞道观，

峨眉美誉小冠西。

海南行

冲云破雾夜琼行，

万里扶摇一梦轻。

五指倾情酬远客，

椰林履约践前盟。

清怀不忘瞻苏院，

直节还须拜海莒。

没有屠睢平百越，

何来南岛抚秦筝？

敬和永嘉诗丐老前辈律

诗丐飘萍若野鸥，

永嘉一路讨通州。

仰天醉笔嗟凄境，

果腹悲文笑冷秋。

有梦寒眠今古月，

抟词苦寄万千愁。

身逢绝地留佳律，

命至黄泉韵不休。

雁门关怀古

铁马边关朔气横，

长空雁叫过连营。

曾经高祖陷危局，

犹忆昭君望隘旌。

上岭接云天欲坠，

依山傍险鬼悲鸣。

盾坚剑冷弓刀雪，

轻骑戎装细柳兵。

冬村小景

檐缀冰凌窗结花，

红梅玉树雪人家。

啾啾宿鸟喳初日，

冉冉炊烟托早霞。

石径荒村无岁序，

桃源何夕隐天涯。

原驰蜡象银装裹，

几履鞋痕过冻洼。

秋游京西齐物潭公园

京西幽处觅仙乡，

湖映亭台醉梦长。

绿掩朱门鲜韵味，

花弥曲径暗芬芳。

怡心柳动秋云浦，

养眼萍浮野苇塘。

莲叶承珠惊玉碎，

兰舟荡皱水天光。

"9·11事件" 二十周年有感

宜共同欢忌结仇，

一轮恐怖廿年忧。

持强称霸独夫梦，

夺命惊魂双子楼。

种玉施仁推九夏，

还珠布善筑方舟。

世间皆若桃源境，

谁愿兜头触不周？

卜算子·步云帆诗友悼余旭

纵有诗千行，难敲伤心句。孔雀西飞化金星，闪耀划空去。

泪眼悲长天，无觅播云女。似见蓝天红飘带，扎系洁白羽。

浣溪沙·永宁河古石桥

两道彩虹飞永宁，一湾碧水纵穿城。通衢三省货镖旌。

古道蹄痕留印记，频频商队久通行。石桥默默说曾经。

浪淘沙令·依韵和范恒山先生《春日偶思》

山戴碧云冠，轻暖微寒。子规声里冷涂殚。万里东风疏翠柳，绿野岚烟。

往事慨凭栏，聚散悲欢。风光无限看巅峦。牛转乾坤荣九夏，再续鸿篇。

沁园春·贺《满庭芳苑》三百期

望尽春花，又感秋风，揽玉纂文。悟初心真谛，拔尤择逸。吟今诵古，数典骚魂。四海侪朋，一千日夜，集萃吟坛逐韵神。倾心血，创品牌微辑，韵海藏珍。

芳庭笑傲红尘，赞大好河山览日昕。咏国旗卫队，庄严威武，三军赴楚，庚子驱瘟。唐宋遗风，楚吴雅志，婉约豪昂蕴挚真。堪何愿，待后来风景，芳苑醺春。

沁园春·朝宗桥

燕脉南维，京畿北望，七孔石桥。跨温榆横架，舒通南北，相携安济，堪誉双娇。南眺沙河，北瞻天寿，扼塞咽喉御北蛟。平宽拓、数石栏对峙，尽显雄豪。

时空不减妖娆，扣玉带环京水一瓢。看沧桑痕迹，栉风沐雨，石铭斑驳，望断狂涛。冽冽严寒，蒸蒸酷暑，历历红花白浪潮。六百载，岁岁巍然立，对月听箫。

郑庆红 卷

郑庆红 　湖北石首市人，女，1958年4月出生。中共党员，经济管理研究生，中华诗词学会会员，北京诗词学会会员，龙潭诗社副社长。在中华诗词学会诗刊、北京诗词学会诗刊发表诗词50多首。《金秋的风》获北京市农委奔小康诗词竞赛一等奖（现代诗）；《七律·北国金秋》获北京诗词学会端午诗词竞赛三等奖。

满庭芳·依韵范恒山会长《武汉》词

汉水春江，龟蛇竦立，凭迎黄鹤云骑。知音一曲，空谷绝弦徊。堪得千番胜景，晴川阁、俊采星驰。东湖淼，磨山清丽，岁岁总相依。

百年风雨处，楚天儿女，勃发英姿。首义枪，汉阳造舍其谁？庚子新冠突袭，逆行者救死扶危。阴霾散，丹霞万里，三镇鼎雄威。

满庭芳·庚子抗疫

亥末庚初，孤城夜雨，寒灯落影凄凄。新冠悍袭，荆楚泪成溪。抗疫中华儿女，先锋刃，斩切愁离，凌霄剑，长风万里，策马飒征衣。

连天鏖战急，英雄遍地，莫问东西。共携手，会征勇士名医。镌刻忠诚侠义，多壮志，地撼山移。春来报，疬疬渐敛，华夏沐晨曦。

临江仙·和范恒山会长《圆明园》词

悄怆幽邃春深处，斜阳孰与桃红？天香国色拽悲风。海棠花雨，飘落断垣中。

故园饮冤妖火烬，如何觅得遐踪？国殇一曲愤于胸。山河异彩，万世九州同。

附：

范恒山《临江仙·圆明园》

叠景重园妆异色，西楼东榭雍融。趣奇韵妙伴葱茏。浮华豪横，一炬顿成空。

残柱断梁铭痛辱，壮心直上穹隆。新朝崛起始称雄。凭高拂袖，笑逐四方风。

一剪梅·和范恒山秘书长《诗酒会》

酒会文期夕照楼，落霞生辉，窗外高秋。

腾蛟起凤变星霜，满腹宏韬，却是肠柔。

欲与稼轩同韵流，几辜风月，壮阕方遒。

浅斟和唱领新犐，情在词中，意在潮头。

临江仙·和范恒山会长《西安回眸》

　　秦时明月长安照，青砖琉瓦檐红。硝烟炀火卷西风。王侯将相，觅侠影萍踪。

　　千年古都承雅韵，竟陵诗派新筇。和弦拨动广寒宫。一怀家国，惟愿与君同。

桂枝香·佳节怀乡

　　思潮万叠，客欲御长风，团聚佳节。锦字征鸿托去，这边红叶。楚天潋滟连云水，望西山、峰悬圆月。复磨飞镜，婆娑倩影，九霞梯接。

　　玉露冷、杯中酒烈。赋更漏离愁，难解心结。子夜秋歌，道出几多伤别。推窗帘卷乡关远，一樽干杯江天阔。柔肠百转，拢收惆怅，桂枝香阕。

七律·重走长征路之娄山关

群峰叠岭入云间，

招展旌旗动九寰。

劲旅川黔争要塞，

锐师赤水越雄关。

壮怀激烈蹄声远，

满腹豪情军捷还。

漫卷东风明霁色，

长征万里焕河山。

七律·贺建党一百周年

回望神州暗黮天，

金瓯片片哪堪全？

红船击水三千里，

大业兴邦一百年。

航海梯山怀使命，

逾沙轶漠灭狼烟。

昌隆国运民康泰，

心曲驰诗入凤笺。

七律·海南春色

锦鳞游泳贝扇情，

鹰击长空百鸟鸣。

浪叠千层天际涌，

霞飘万朵垄头行。

乍雷细雨催春绿，

惊蛰和风促草菁。

唱晚渔舟村寨远，

牧童踏野袅烟轻。

七律·初夏寄景

初来夏雨洗轻尘，

万木峥嵘答暮春。

垄上禾苗摇翠袖，

园中丹若抿红唇。

熙阳竖影涛声旧，

晓月横波荷色新，

美景此番谁与寄？

北京诗苑韵章人。

七律·跑暴雨①

向晚荷塘独自徊，

风云浣水叠天垓。

辉煌电带蓝光至，

霹雳声撕夜幕开。

乱叶吹音充管乐，

狂飙掠影落阶台。

须臾借得滂沱雨，

洗净长空万里埃。

---

① 跑暴雨：指时间很短的暴雨，常伴有电闪雷鸣与狂风。

七律·依韵陈存根书记《今日霜降》

西风满树拟疏狂，

银杏吹箫叶浸黄。

红柿枝头摇冷月，

菊花篱下捧寒香。

声声鸿雁关山远，

渺渺清波楚水长。

但得深秋今夜露，

天阶赋韵墨研霜。

附：

陈存根书记《今日霜降》

风掠树冠波泛黄，晨清沁肤露凝霜。

丹枫血红映夕照，瓜腴果硕暗送香。

林深寺隐禅声远，田陌敛容待冬妆。

南国时景可堪赏？燕云秋色媲春光。

七律·东坡书院咏怀

粗衫笠屐索钩沉，

别驾琼州种墨琛。

载酒堂中皆寂寞，

古榕树下共清森。

调弦拨动三秋月，

抛曲弹飞万籁音。

沧海孤舟归路远，

惟留锦句向天吟。

七律·重阳咏怀

长风琼海卷云烟，

雨后初霞沓浪颠。

旭日升晖梭丽色，

娥眉带露织青田。

苍山着意留千绿，

客子驰怀赋寸笺。

满酌重阳金菊酒，

涛声作枕伴酣眠。

七律·立冬

雁已南飞万物藏，

层峦昨夜卸秋装。

丹枫卷落寒风里，

疏影逍遥瘦水旁。

天转星辰清昼短，

地摇灯火半宵长。

冬云约我陪三友，

酌饮诗涛对夕阳。

七律·依韵范恒山会长《冬瞰》

风骑霜露下云衢，

万岭千峰尽济濡。

笛韵悠悠吹冷月，

银花袅袅舞仙姝。

远山瘦柏摇残翠，

前苑疏梅点渥朱。

欲把冬阳移入牖，

流霞煮酒打边炉。

七律·佳节怀乡

双节佳期一日同，

长歌对酒月圆中。

流光桂魄盈衣带，

踏露霜华染木枫。

北海扶摇连汉水，

南江跃浪转苍穹。

天遥地迥分秋色，

千里怀乡寄雁空。

七律·故园石首一中①

峡水西来越险关，

飞涛洗练绣林山。

百年文庙祥云绕，

千载江城沛雨环。

翠麓高擎灵秀地，

黉园稳坐彩霞间。

凭听击楫书声朗，

迭代风华灿宇寰。

---

① 石首一中原址坐落于长江之滨、绣林山南麓古文庙。

七律·贺李永金司令八秩华诞

将军八秩赋华筵，

岁月如歌锦绣篇。

子击黉门千里水，

鹰翔浩宇九重天。

栉风沐雨怀家国。

砥砺磨砻戍雁边。

无限夕阳磅礴意，

期颐聚首舞鸾旃。

七律·北国金秋

飒声劲起云飞渡，

落叶缤纷一地黄。

柿子枝头邀朗月，

山楂树下拽斜阳。

枫林浅醉铺鸿卷，

篱菊轻寒点熠妆。

色彩斑斓层障叠，

金秋北国似天堂。

京城新竟陵诗派

甘海斌

荆楚历史绵邈，人文鼎盛。古之竟陵，乃今之天门也。竟陵诗派、公安诗派是古荆州历史上两支重要的文学力量，为后世留下了许多灿若明珠的美丽诗章。

昔竟陵诗派掌门人钟惺云："真诗者，精神所为也。"在我国明代后期，形成了以钟惺、谭元春为代表的竟陵诗派。因钟、谭都是竟陵（即今湖北天门）人，故被称为竟陵诗派，又称竟陵体或钟谭体。竟陵诗派的产生是在公安派锋芒消退的情况下趁势而起的。竟陵诗派倡导一种高古典雅之风格，主张文学创作应抒写"性灵"。钟惺、谭元春另立"幽深孤峭之宗"，因刻意追求意境之深奥新奇，不同凡响，逐渐形成了鲜明的创作特点：雕琢字句，求新求奇，语言佶屈，艰涩隐晦，自成一派。竟陵诗派在明后期反诗风拟古中有进步作用，对诗文革新有促进之功。故在晚明形成了较大的文学影响力，声名远播，永载史册。

京城新竟陵诗派，是一部分生活在首都且喜爱古体诗词的荆楚学子共同组成的"诗词沙龙"。是由范恒山、傅东渔牵头，于2020年8月发起成立。赵发洪、郑庆红、汪桃义、甘海斌、胡水堂、戴先根、范秀山、戚军韬、王涛等同趣者共同参与，以诗抒情。这些人个个饱读诗书，家业有成，有较高的文化素养，俱是原籍为荆楚、如今生活在京城的成功名士、文化学者、诗坛俊秀，他们在业余闲暇皆喜好作诗填词。

承先贤之情怀，续古韵之风雅，是新竟陵诗派的初心使命、雅集宗旨，也是随缘而聚、合时而歌的诗会交流。新竟陵诗派以薪火相传竟陵诗派为己任，以弘扬国学精粹，讴歌时代主旋律，不断激发正能量，多出精品力作为目标，以自愿参与，自主创作，吟诗会友，酬唱雅集为原则，不定期开展诗会活动，以增诗谊，以敦乡情，交流创作体会，抒发家国情怀，为繁荣发展中华诗词文化做出应有的贡献。

孔子曰："不学诗，无以言。"天门自古便与诗歌有着不解之缘，诗人汇聚，才俊辈出。唐代著名诗人皮日休、茶圣陆羽青史留名，誉满华夏。明代钟惺、谭元春笔力扛鼎，始创竟陵诗派，风行神州。如今海晏河清，百业昌隆，集锦涌翠，芬芳满眼，正是文人骚客之笔浓墨重彩之时，京城新竟陵诗派应运而生。众多在京城雅好古体诗词的乡友，追先贤之诗格，弘古风之流韵，在一起探讨竟陵诗派的传承与创新问题，具有深刻而长久的文化价值。

新竟陵诗派期待在当今盛世组成一支尚古敬贤、延展乡梓文脉的突击力量。"在学习中继承，在研究中批判，在发展中创新，谱写时代精神，颂扬发展成就，以好作品和正能量带动人、影响人、感召人，让竟陵诗派发扬光大，成为中华诗词百花园中的一枝阆苑仙葩。"

范恒山出生于竟陵诗派的发源地——湖北省天门市，长期在国家部委做领导工作，既是务实求真、遐迩闻名的经济学家，又是志趣高古、儒雅风流的诗坛中坚。诗如其人。尽管作诗填词是其业余雅兴，但他鸿朗高畅，独树一帜，追求一种古朴典雅、幽深俊朗、豪放大气之风，诗情盎然，才智卓越，备受大家尊崇。他曾为新竟陵诗派成立欣然赋诗："昔贤斗巧弄诗潮，幸有承传展后娇。紫陌垂杨鸿渐种，新枝老干两妖娆！"

傅东渔，字北樵，号信斋。湖北省天门市人。任职于中国人民建设银行总行，是北京龙潭诗社社长、北京诗词学会常务理事。主要作品有《信经》、诗词集《信斋击壤歌》等。其诗作熔铸古今，内涵幽深，格调高雅，读者喜闻乐见。他是活跃于京城诗坛的耀眼明星。

　　范傅二人联袂谋划、引领新竟陵诗派，追摹"千古兰亭"雅集风范，将诗会活动弄得风生水起，名噪八方。诚可相信，新竟陵诗派一定会勤耕诗苑，行稳致远，繁花似锦，硕果累累。